CON GRIN SU CONOCIMIENTOS VALEN MAS

José Eduardo Villalobos Graillet

Estudio pragmalingüístico del film español "Los lunes al sol"

GRIN Verlag

Bibliografische Information der Deutschen Nationalbibliothek:

Die Deutsche Bibliothek verzeichnet diese Publikation in der Deutschen National-
bibliografie; detaillierte bibliografische Daten sind im Internet über http://dnb.d-
nb.de/ abrufbar.

Imprint:

Copyright © 2013 GRIN Verlag GmbH
Druck und Bindung: Books on Demand GmbH, Norderstedt Germany
ISBN: 978-3-656-53647-5

This book at GRIN:

http://www.grin.com/es/e-book/263534/estudio-pragmalingueistico-del-film-espanol-
los-lunes-al-sol

GRIN - Your knowledge has value

Der GRIN Verlag publiziert seit 1998 wissenschaftliche Arbeiten von Studenten, Hochschullehrern und anderen Akademikern als eBook und gedrucktes Buch. Die Verlagswebsite www.grin.com ist die ideale Plattform zur Veröffentlichung von Hausarbeiten, Abschlussarbeiten, wissenschaftlichen Aufsätzen, Dissertationen und Fachbüchern.

Visit us on the internet:

http://www.grin.com/

http://www.facebook.com/grincom

http://www.twitter.com/grin_com

José Eduardo Villalobos Graillet

Área de estudio: Pragmática- Enseñanza del Español como Lengua Extranjera

Estudio pragmalingüístico del film español "Los lunes al sol"

Introducción

"En mi experiencia como usuario de inglés como lengua extranjera, recuerdo haber sufrido más de un malentendido con personas de otras culturas, como la oriental, que con los propios nativo hablantes, sobre todo al usar elementos lingüísticos y extralingüísticos que no eran compatibles con los suyos. Por consiguiente, se puede hablar de una incidencia, de un choque cultural de ambas partes, puesto que desconocíamos las normas sociales y culturales de los otros interlocutores."

Esta vivencia personal es uno de los tantos ejemplos similares a los que los estudiantes de lenguas extranjeras habrán adquirido en los intercambios comunicativos, principalmente en el contexto natural de la lengua meta. Fenómenos que son observados y estudiados por un todavía campo nuevo de la Lingüística: la Pragmática, que es considerada, según Bachman (1990), como parte de la competencia comunicativa.

De acuerdo con este mismo autor, la pragmática se subdivide en la competencia ilocutiva, que estudia los actos del habla, y la competencia sociolingüística, los factores que intervienen en el proceso de la comunicación, tales como la situación, el contexto de uso, las intenciones de los participantes, las normas y convenciones que lo regulan. En otras palabras, Díez (2007) afirma que la pragmática se enfoca en lo que se dice, en cómo se hace y en qué contexto.

Precisamente es en el marco de la didáctica de lenguas y la influencia del enfoque más actual (el comunicativo), que esta estrategia de aprendizaje ha adquirido un mayor interés para estudiarla y elaborar material que permita a nuestros estudiantes ser intérpretes de las reacciones y comportamientos de los hablantes de la lengua que estudien, pues estos factores son manifestaciones de la cultura meta.

La integración de la pragmática a los programas de lenguas, en este caso del E/LE, tiene el propósito, según Galindo (2006), de desarrollar eventos comunicativos satisfactorios, orientando a los discentes a usar la lengua apropiadamente con relación a los elementos mencionados en líneas anteriores. Es decir, si bien, se busca evitar conflictos socioculturales, sin que se pretenda que los aprendices se comporten como los nativos (Rodríguez, 2004), es necesario que preparemos a los alumnos a enfrentarse al contexto de uso real de la LE y a ser conscientes "de los efectos comunicativos y sociales de ciertos usos lingüísticos y [conductas]", (Rodríguez, Ibíd.).

La actividad más empleada en los manuales de lenguas extranjeras, para estimular y desarrollar esta competencia en el contexto formal, es la presentación de videos y grabaciones de conversaciones de situaciones cotidianas, culturales y actuales, todas ellas muestras de *input* auténtico. Dinámica que se realiza en ocasiones de forma explícita para interpretar y justificar las unidades lingüísticas y extralingüísticas de la interacción oral entre nativos.

Metodología

1. Objetivos

Ante este panorama, el siguiente trabajo presenta el análisis pragmático de un segmento de la película española *Los lunes al sol* (2002), el cual podrá ser tomado en cuenta por otros profesores de E/LE como una propuesta para desenvolver esta competencia en alumnos de nivel avanzado y/o superior, al contrastar aspectos de la cultura ibérica y la de los propios. Se recomienda que el discente no sólo capte lo dicho o hecho por los participantes del proceso comunicativo, sino que le dé sentido (reconocer la intención) a los enunciados, a las acciones de acuerdo a la situación concreta del video. Con ello, se valoraría y entendería la mentalidad y actuación de los españoles, de acuerdo a Blanco (2006), además de aprender cuándo emplear dichos elementos en circunstancias específicas de su uso, como ya se ha aclarado.

2. Sinopsis del filme

Fernando León de Aranoa presenta en *Los lunes al sol* (Ibíd), la historia de un grupo de amigos de mediana edad que fue afectado por el despido masivo en la industria artillera de Galicia a finales de los años 90. Un drama que se pinta de comedia como cada trago que comparten Santa y sus camaradas todas las noches en el bar de Rico, tratando de batallar con un enemigo que se oxida cada vez más con el tiempo: el desempleo no solo en esa comunidad, sino en toda España. Ante esta situación, la vida de estos hombres se ve envuelta en angustia y agresividad, para unos, para otros, en inconformidad, tragedia y crisis familiar. *Los lunes al sol* representa los días de espera que cada desempleado, cada "sujeto pasivo" ha invertido para encontrar un trazo de esperanza y justicia entre el horizonte y la mar.

El siguiente análisis pragmático se enfoca en tres escenas de los primeros veinte minutos del film cuando Santa va a la corte por tercera ocasión (1ª escena), por haber roto un faro ubicado en la entrada de la fábrica de artillería en la que trabajaba, poco después de enterarse que era uno de los 200 despedidos de aquel entonces. Al no tener fundamentos suficientes, pues todo indica que fue un hecho intencional como acto de protesta ante el recorte, en la 2ª escena su abogado obliga a Santa a pagar la indemnización de 8 mil pesetas (45 euros) por daño a la propiedad privada; de lo contrario, el letrado insinúa un posible encierro. Posteriormente, en la 3ª escena Santa se dirige al bar de Rico, enojado y sin poder aceptar su sentencia, ya que el destrozar un faro no se compara con perder un trabajo. Al menos así lo ve desde una perspectiva moral cuando discute con sus amigos la valía de ese dinero.

3. Metodología de análisis

La realización de este análisis se enfoca en una visión sociológica, cubriendo tres apartados, cuyos apuntes podrán ser trasladados a ejercicios de observación y discusión en el aula de E/LE: acto lingüístico, lenguaje no verbal y lenguaje cinematográfico.

Análisis comunicacional
1. Componentes de la comunicación

Siguiendo el trabajo de Poyatos (1994), a continuación se describen los elementos del proceso comunicativo de las tres escenas:

Los participantes: en la 1ª escena se reconoce al abogado de la parte afectada como mero emisor del mensaje, el cual es tratado inmediatamente por el juez y el abogado de Santa. Estos a su vez son los principales participantes de la interacción, puesto que Santa, a pesar de que busca interrumpir, se conserva como receptor "pasivo" por el papel de acusado que tiene en ese contexto formal. En la 2ª escena, se observa el esquema básico de comunicación entre Santa y su abogado, quienes discuten, mostrando su irritación por la sentencia, a través del intercambio de preguntas. Ya en la 3ª escena, pareciera que el acto mantiene un carácter unidireccional, al ser Santa quien habla la mayor parte del tiempo porque sus receptores están más atentos al televisor.

El canal y el contexto: En las tres escenas destaca el canal bucal-acústico y el corporal-visual. En la 1ª, como se ha mencionado, el contexto es formal, a diferencia de las dos últimas, en las que se percibe un ambiente de confianza y de mayor familiaridad entre Santa y sus camaradas (3ª escena).

El código: por orden de escenas se pueden distinguir los referentes al ámbito público, personal y de ocio, tanto en el lenguaje que se emplea como el uso de la vestimenta (aspecto de la C.N.V.) en cada escenario. El ejemplo más notorio de este último punto se da en la 2ª escena, en la que el abogado de Santa ya no porta su toga de letrado (autoridad), sino su abrigo, y Santa se ve despojado de su corbata, en un estado más relajo.

2. Actos lingüísticos

Esta sección está destinada para el análisis de las expresiones lingüísticas del video, basándose en los estudios de Austin (1962) y Searle (1969) sobre los actos del habla. Dichas locuciones son interpretadas para determinar el sentido y las intenciones en el proceso comunicativo, más allá de señalar su significado literal (diferencia entre actos de habla directos e indirectos).

1ª escena

Juez.-"Pero la farola no tenía culpa de nada".
Abogado.- "Eso es verdad señoría, pero estaba mal situada".

Juez.-"¿Quiere decir que la culpa de lo sucedido es de quien puso la farola ahí?"
Abogado.- "Tal vez…en parte …podría entenderse así, Señoría".

De acuerdo a Searle (Ibíd.), en los dos fragmentos de la conversación en la corte, se da un infortunio comunicativo al incumplirse en ella las condiciones preparatorias y de sinceridad. Eso se debe a que ambas partes saben quién es el culpable del agravio (información conocida), pero el abogado de Santa no lo quiere reconocer públicamente, ya que este último busca, más que un argumento válido, una excusa para seguir defendiendo a su cliente. La respuesta del letrado parece humorística como resultado de la percepción de incongruencias en la conversación (*el humor* en palabras de Grice)

Juez.-"Es la tercera vez que nos vemos en esta sala..."

Acto de habla indirecto. El sentido de la afirmación de este personaje se da por el tono de voz con el que emite el mensaje, además de dar énfasis a sus palabras. Esta fuerza ilocutiva (compromisiva) expresa una advertencia para el letrado y su defendido si no cumplen con la indemnización. Asimismo, pareciera que el juez está cansado de tratar un caso absurdo, como resultado de su objetividad y la falta de empatía con la situación laboral de Santa.

2ª escena

Santa.- "Me han echado a la calle […] ¿les pago por echarme?"

Acto desviado. La repetición de la palabra "echar" en la pregunta indica ironía. A Santa le resulta ilógico pagar esa cantidad en la situación laboral y económica en la que se encuentra. Él rechaza ser el victimario.

Abogado.- "Te cagaste su farola, ¿no?"

Además del uso de léxico coloquial en la conversación, vale la pena señalar que el marcador fático "¿no?" refuerza y/o justifica la afirmación que el abogado acaba de hacer "para mantener o comprobar el contacto [con Santa]", de acuerdo a Briz (2001). De la misma manera, esa forma interrogativa busca hacer reflexionar a su defendido sobre su propia culpa.

Abogado.- "¿Los conoces o no los conoces?"

Acto de habla indirecto. La fuerza ilocutiva de la pregunta representa un ultimátum para que Santa deje de quejarse. Como nota personal, esta expresión podría ser ambigua para estudiantes de E/LE e incluso para algunos hablantes nativos no pertenecientes a la comunidad española. Sin embargo, la visualización repetida de la escena, les ayudaría a entender mejor el contexto (se habla de dinero en la conversación). La oración interpretada podría quedar así: "Santa, dejémonos de rodeos, ¡ya págalos!

3ª escena

Santa.- "¿José es feo o es guapo? Pues depende, también a su mujer igual le gusta".

Se trata de una crítica que no es ofensiva para José, ni para los otros, por el ambiente de camaradería que comparten (expresividad afectiva vs. insulto). A éstos les parece gracioso lo que Santa acaba de decir, de igual manera, para quien analiza sus palabras, sobre todo por la agramaticalidad de la analogía. En palabras más adecuadas, Santa estaría diciendo que el valor de las cosas (dinero, belleza, desempleo, etc.) depende de la persona y la situación en la que se encuentre.

Santa.- "¿Cuánto valen 8 mil pesetas?"

Acto de habla indirecto. El sentido moral de las circunstancias determinan el valor de la indemnización, lo cual es directamente proporcional al daño (la injusticia) que siente Santa.

Rico.- "Me da igual, sigue sin parecerme cara".

La primera frase podría indicar, en un sentido literal, concordancia con lo que opina Santa, no obstante, significa lo contrario en un sentido figurado. El tono de Rico es una señal de la poca importancia del valor que Santa le da a las 8 mil pesetas, ya que al menos tiene un trabajo asegurado como dueño del bar.

José.- "Tiene que ser la hostia salir en la tele..."

El uso y aprendizaje de las palabras malsonantes (groserías) parece ser un tema de debate para profesores de E/LE, porque en su gran mayoría se evita en la clase, dejando la tarea de descubrimiento de sus significados al alumno, en un entorno más natural que formal, valiéndose de un diccionario o por "intuición". Para sorpresa de aquellos que pensaban que la palabra "hostias" tiene un sentido negativo, en la situación de esta escena denota algo positivo, en mi adecuación la expresión de José queda así: ¡Debe ser genial salir en la tele!

3. Alternantes paralingüísticos

De acuerdo a Poyatos (Ibíd.), estos elementos cuasi-léxicos son vocalizaciones y consonantizaciones convencionales que poseen escaso contenido léxico, pero con gran valor funcional. En las siguientes líneas se clasificarán, de acuerdo a este mismo autor, los signos observados en el video:

1ª escena. Expresivos: Santa *habla entre dientes*, repitiendo la palabra "muchos" que ha enunciado su abogado. Esto lo hace para manifestar su coraje por el despido masivo de artilleros. Asimismo, esta emisión se considera descortés en todo contexto, aunque la molestia de este personaje es justificable. Por otra parte, el juez *emite un suspiro* como señal de que su paciencia está por agotarse, si vuelven a juicio.

Silencios: El abogado de Santa *titubea* y *emite la vocalización "eeee"* para buscar una respuesta válida a la pregunta que le ha formulado el magistrado, la cual no esperaba.

2ª escena. Reguladores interactivos: Santa *pronuncia un "¿eh?"* para mantener su turno en la conversación y hacerle entender a su abogado lo inconveniente que resulta pagar esa cantidad de dinero, cuando él fue el más afectado.
Expresivos: Santa *emite con un tono irónico un "ts"* para expresar lo injusto e ilógico que le parece afrontar su realidad. Silencios: Santa toma unos segundos para *reflexionar* sobre las consecuencias de no cubrir la indemnización a tiempo. Además, *suspira* mientras como señal cansancio y desesperación.

3 ª escena. Expresivos: Rico *pronuncia un "ah"* para expresar su desacuerdo sobre el valor que Santa le da al dinero.

Silencio: este elemento parece ponderar en el contexto de la conversación, ya que la televisión es un distractor de las penas de cada personaje, sumadas al poco interés en el tema que Santa ha tocado.

4. La conversación

En este apartado se describen los fenómenos observados en las interacciones que se dan en cada contexto del video. Elementos que forman parte del Análisis Conversacional (Tusón,1997) y del Discurso (Calsamiglia & Tusón, 2007), el Principio de Cooperación (Grice,1975) y la Teoría de la Cortesía (Escandell, 1995):

La 1ª escena parece ser la única en donde la *alternancia de turnos* se da de manera solemne, con un *ritmo normal en la conversación*. Aunque Santa expresa su sentir durante el juicio, el mensaje no se ve obstaculizado y es entendido por los participantes del acto.

En la 2ª escena, el ritmo de la conversación es más rápido y brusco, dominado por las emociones de Santa y el abogado. El *uso de disfemismos* resulta común entre *varones,* sin embargo estas interjecciones, aunadas al *uso del volumen* (alto) se podrían considerar *descorteses* para otras culturas, sobre todo si opinaran que la conversación no se da entre iguales, puesto que el *status* de abogado es más alto (autoridad) que el del cliente. El *cierre de la conversación* se da abruptamente por el letrado cuando se retira molesto del inmueble sin contestar a la pregunta de Santa.

En la 3ª escena dominan las *preguntas conversacionales* formuladas por Santa, pues éste insiste en que sus amigos opinen (cooperen) sobre el tema. Asimismo, incluye una broma (crítica sobre el físico de José) para llamar la atención de ellos, la cual está fijada en la televisión. Responden a ella, pero se ven forzados a contestar a su amigo. Por otro lado, se da *un solapamiento* durante la conversación, al ser Santa y Rico quienes repiten al mismo tiempo la palabra "moralmente", aspecto particular en la cultura española, de acuerdo a Cestero (2004), quien puntualiza la falta de pausas durante el cambio de turnos. Finalmente, José, quien se mantuvo en silencio y viendo el programa durante toda la conversación, *interrumpe* y *cambia el tema,* quizás como señal de desinterés.

Análisis del lenguaje no verbal

En este apartado se habla sobre los elementos y las funciones que constituyen el sistema de comunicación no verbal, específicamente de los que más destacan en las escenas. Cabe mencionar que dichos componentes podrán ser utilizados en el aula para desarrollar y adquirir a la par la estrategia pragmática e intercultural, en actividades que, según el diccionario del CVC, "[permitan] la observación, el análisis [explícito], la interpretación y la comprensión de las diferencias culturales [entre la L1 del alumno y la lengua meta]". Por consiguiente, el discente estará preparado para aplicar y comprender tales elementos de forma satisfactoria, evitando malentendidos y conflictos a nivel sociocultural.

1. La proxemia interaccional

1ª escena: se mantiene una distancia pública, según la clasificación de Hall (1963), en el juicio de Santa, como es de esperarse en un contexto formal. Sin embargo, aspectos como la posición de los personajes (la parte acusada, la parte afectada y los abogados), la ubicación, el tamaño y altura de los muebles, incluyendo la del juez en el video, resultan diferentes a los empleados por el sistema de justicia de otros países (distribución del espacio: valor asignado en cada cultura). En esta escena, los abogados conservan una distancia más corta con relación a Santa, quien no puede intervenir en el acto comunicativo.

2ª escena: la distancia entre Santa y su abogado es personal y cómoda. Esta observación personal podría ser diferente si se tomara en cuenta desde otra perspectiva (cultural), sobre todo si nuestros estudiantes no están familiarizados con las culturas de contacto, pues pareciera que la relación que llevan los interlocutores es más de amistad que de tipo profesional. No obstante, cuando caminan por los pasillos, se observa que el segundo lleva la delantera, como posible señal de jerarquía.

3ª escena: la proxemia es de tipo social y casual por el escenario de ocio de un bar y la relación de amistad entre los que salen a cuadro.

2. La sinestesia y/o quinestesia

1ª escena: durante el juicio, Santa *asiente con su cabeza* cuando escucha la información que le es proporcionada por la parte afectada y el juez, como señal de que entiende las aclaraciones, sin que esté totalmente de acuerdo con ellas. Esto se comprueba cuando su abogado interviene y Santa *eleva las cejas* para indicar que su defensor ha encontrado puntos válidos. Este gesto también lo hace su abogado y el juez repetidas veces: el primero para enfatizar su afirmación sobre el despido de los 200 trabajadores, incluyendo su cliente (*lo señala con su bolígrafo,* lo que se consideraría como descortés); el segundo para indicar su rechazo a las aclaraciones absurdas que acaba de escuchar sobre el faro y el número de veces que se han citado para discutir el mismo tema.

Por otra parte, el *contacto visual* se mantiene fijo entre los personajes, a excepción de Santa y su abogado que *bajan la cabeza* en algunas ocasiones por nerviosismo y la culpa que le es difícil aceptar al primero. De hecho éste expresa su indignación e intolerancia, *poniendo sus manos en la cintura, apretando sus ojos* y *moviendo desesperadamente sus dedos sobre la mesa* cuando escucha la injusticia del despido y la cantidad que tiene que pagar por el faro. El juez lo *ve de reojo* como señal de silencio ante su mal comportamiento. No logra tener efecto en Santa.

2ª escena: *el uso de ademanes* sobresale en esta parte del video, los cuales se consideran un reflejo del comportamiento de los personajes, especialmente Santa, quien recurre a ellos para expresar sus emociones ante la situación que se plantea. En el aula, éstos podrían resultar exagerados para nuestros estudiantes, sobre todo si tuvieran el estereotipo de que la cultura hispanoamericana es muy expresiva y en ocasiones, dramática. Es necesario sensibilizar a los alumnos en este aspecto para que muestren apertura a la cultura del idioma que están estudiando y eviten malentendidos mientras se comunican con nativo hablantes.

Otro punto importante, es la *mirada fija* que le da el abogado a Santa como indicador de amenaza si no cumple con la indemnización del faro roto. A su vez, este último parece no haberse intimidado a la pregunta de su defensor, pues lo reta con otro enunciado interrogativo.

3ª escena: en ésta, la mirada de la mayoría de los personajes parece estar perdida en la televisión, salvo cuando intervienen en el tema que Santa ha propuesto discutir. De hecho, se notan desinteresados y distraídos por sus propios problemas: Lino con los *brazos cruzados* (posible aburrimiento), José con un *dedo en la boca* (nerviosismo e inseguridad) y Nata leyendo el periódico con *los pies sobre la mesa* (más que señal de malos modales, se considera como un estado de comodidad en un ambiente informal).

Análisis cinematográfico: aspectos técnicos

Este apartado recoge el lenguaje cinematográfico propuesto por Martin (2002). A continuación se hablará de los elementos que sobresalen en el video:

1. Encuadre

En las dos primeras escenas se observa el uso del plano medio corto cuando los personajes están discutiendo sobre la situación de Santa con relación al daño material que ocasionó. Dicho rasgo técnico tiene la finalidad de enfocarse exclusivamente a los participantes del acto comunicativo y excluir a quienes no estén envueltos activamente en él, como los extras en la escena (la secretaria y el policía), ya que aparecen sin que se vislumbren sus caras. Mientras Santa y su abogado caminan por los pasillos y en la 3ª escena se dan los planos medios para enfatizar la postura de los actores, si están sentados, parados o inclinados.

2. Ángulos y movimientos de cámara

Resulta interesante el plano escorzo que se emplea en la primera y la tercera escena porque destaca la reacción inmediata de los receptores a los argumentos (mensaje) de quienes los emiten, asimismo estos últimos están de espaldas esperando la refutación de los primeros. También se podría hacer mención al plano contra plano porque se muestra el contexto donde la acciones se están ejecutando. Aunque los cambios de este plano son instantáneos, resulta sutil que el director haya buscado imprimir naturalidad al acto comunicativo, poniendo a su audiencia como testigo de los hechos.

Por otra parte, en la 2ª escena se nota el plano frontal y el uso del *traveling* retro cuando Santa y su abogado caminan en los pasillos del juzgado hasta que éste decide dar un ultimátum a su cliente y le pide reconocer su error. Al ver que éste sigue aferrado a su concepto de justicia, el letrado se retira interrumpiendo el acto comunicativo. El acto escorzo nuevamente es empleado para resaltar la emoción del abogado y la reacción de Santa cuando el primero se retira.

En cuanto a la 3ª escena, en ésta el plano lateral es usado para acentuar el estado de ensimismamiento de José y la hija de Rico, quienes están distraídos con la televisión y el periódico respectivamente. Estos personajes no prestan atención a la discusión que se está llevando a cabo alrededor de ellos, ya sea por desinterés o por la incomodidad que resulta hablar de dinero, un problema que tienen que afrontar diariamente. En ocasiones se enfoca a José en un primer plano (sin distinción del fondo) para poner de relieve su pasividad, pese a que ha reaccionado a la broma de Santa, y causar un poco de incertidumbre a la audiencia, pues se espera una reacción de su parte.

3. Transiciones

Las secuencias en las tres escenas son inmediatas y estáticas para dar continuidad al tema que se está hablando en los diferentes escenarios. Se evitan los fundidos encadenados y a negro para dar vivacidad a las emociones del protagonista con respecto a su situación. De la 1ª a la 2ª escena se opta por usar la voz de Santa en *off* por algunos segundos y encuadrarlo en un plano medio corto, haciendo un contraste de su participación en ambas escenas. De la 2ª a la 3ª, como presentación del nuevo escenario, se usa un plano a detalle de la televisión, en la que se proyecta un programa de concursos.

4. Música, luz y cromaticidad de la imagen

El primer aspecto se evita por la importancia que se da a los argumentos de los personajes, a sus reacciones verbales y no verbales, los cuales dotan de unidad al video.

El segundo es empleado para resaltar el aspecto moral de Santa y sus compañeros en la 3ª escena, además de causar un estado anímico de nostalgia en el espectador, si se ve la película entera. Pues en ésta, el bar de Rico se ve reflejado como un lugar de escape para ahogar sus pesares en alcohol.

Como una nota personal y desde una perspectiva cultural de un espectador no ibérico, siempre he catalogado a las películas españolas con escasa iluminación y con el uso de colores como el café, el rojo y el verde, los cuales dan una sensación, además de nostalgia, como si se estuvieran viendo filmes antiguos, aunque no lo sean. Sería interesante añadir un ejercicio sobre este punto (la opinión de los estudiantes sobre las películas españolas: la iluminación y el color) al análisis pragmático de videos en el aula de E/LE.

Conclusión

Como se ha visto a lo largo de este análisis, la interpretación de la realidad de la lengua meta requiere una mayor concentración y preparación por parte del aprendiente para codificar los mensajes que reciba, tomando en cuenta, en primera instancia, el canal y el contexto de su uso. Para llegar a ese nivel de dominio, como profesores de E/LE debemos estimular la estrategia pragmática en nuestras clases para que los discentes puedan codificar las expresiones lingüísticas, más allá de su sentido literal: reconocer las implicaturas conversacionales (Martínez, 2005) para cada situación, así como también entender los comportamientos socioculturales (incluyendo el no verbal) de los hablantes nativos del español.

De esa forma, la pragmática sería usada no sólo como recurso didáctico para evitar malentendidos y el llamado choque cultural, sino como una herramienta que desarrolle al mismo tiempo la competencia intercultural de los estudiantes en sus tres niveles: entendimiento, acercamiento e integración sociocultural.

Bibliografía

Los lunes al sol. Dir. Fernando L. de Aranoa. Producciones Cinematrográficas S.L., 2002. DVD.

Austin, John. *How to Do Things with Words.* Ed. J. O. Urmson and Marina Sbisá. Mass.: Harvard University Press, 1962. Print.

Bachman, Lyle. "Habilidad lingüística comunicativa." *Competencia comunicativa. Documentos básicos en la enseñanza de lenguas extranjeras.* Ed. Miguel Llobera et al. Madrid: Edelsa, 1995. 105-129. Web. 31 Aug. 2013.

Blanco, Ana Isabel. "Soportes para enseñar pragmática en una clase de ELE." *La competencia pragmática o la Enseñanza del Español como Lengua Extranjera. Actas del XVI Congreso Internacional de ASELE* (2006): 190-195. Web. 31 Aug. 2013.

Briz, Antonio. *El español coloquial en la conversación: esbozo de pragmagramática.* Barcelona: Ariel, 2001. Print.

Calsamiglia, Helena and Tusón Amparo. *Las cosas del decir. Manual de análisis del discurso.* Barcelona: Ariel, 2007. Print.

Cestero, Ana Ma. "La comunicación no verbal y el aprendizaje de lenguas extranjeras." Dirs. Jesús Sánchez Lobato and I. Santos Gargallo. *Vademécum para la formación de profesores. Enseñar español como segunda lengua/lengua extranjera.* Madrid: SGEL, 2004. 593-616. Web. 31 Aug. 2013.

Centro Virtual Cervantes. *Diccionario de términos clave de ELE.* Spain: 2013. Web. 15 Aug. 2013.

Díez, Patrícia. *Pragmática y ELE: la necesidad de su introducción en el aula. Reflexión.* Napoles: Università degli Suor Orsola Benincasa, 2007. Web. 17 Aug. 2013.

Escandell, M. V. (1995). "Cortesía, fórmulas convencionales y estrategia indirectas", en *Revista Española de lingüística, 25, 1:31-66.*

Galindo, Ma. Mar. "La transferencia pragmática en el aprendizaje de ELE." Eds. A. Álvarez et al. *Actas del XVI Congreso Internacional de ASELE.* Oviedo: Universidad de Oviedo, 2006. 289-297. Web. 01 Sept. 2013.

Grice, H. Paul. "Logic and conversation." Eds. R. Colé and J. Morgan. *Syntax and Semantics* 3: Speech Acts. New York: Academic Press, 1975. 41-58. Print.

Hall, Edward T. (1963). "A System For the Notation of Proxemic Behavior." *American Anthropologist* 65.5. 1003-1026. Print.

Martin, Marcel. *El lenguaje del cine.* Barcelona: Gedisa, 2002. Print.

Martínez, José A. "Pragmática y gramática en la enseñanza del español como segunda lengua." Eds. A. Álvarez et al. *Actas del XVI Congreso Internacional de ASELE.* Oviedo: Universidad de Oviedo, 2005. 13-24. Web. 01 Sept. 2013.

Poyatos, Fernando. *La comunicación no verbal. Paralenguaje, Kinésica e interacción.* Madrid: Istmo, 1994. Print.

Rodríguez, Silvia. "Actividades para la enseñanza de pragmática en español como L2: el caso de los actos de habla." *Actas del Congreso.* Indiana University: Purdue University Indianapolis, 2004. Web. 03 Sept. 2013.

Searle, John. *Speech Acts.* England: Cambridge University Press, 1969. Print.

Tusón, Amparo. *Análisis de la conversación.* Barcelona: Ariel, 1997. Print.